LA NUIT

DU

31 OCTOBRE 1870

~

PARIS

Imprimerie LEFEBVRE, passage du Caire, 87-89,

—

1870

LA NUIT DU 31 OCTOBRE 1870

A l'angle de la façade ouest de l'Hôtel de-Ville, se trouve un salon jaune assez vaste ; c'était là que délibéraient les membres dn Gouvernement de la Défense nationale. Deux fenêtres donnent sur la place, les autres regardent la Seine ; les embrâsures de ces fenêtres sont larges et profondes ; quatre personnes pourraient y trouver un abri derrière les grands rideaux.

La salle est un carré long parallèle à la Seine dans le sens de sa plus grande longueur ; dans ce même sens, et au milieu, une longue table couverte d'un tapis vert.

Quelques fauteuils, un canapé, un plan militaire de Paris dressé contre le mur, et dans les encoignures du côté de la place, deux tables hautes, l'une couverte de journaux, l'autre supportant un verre d'eau et quelques cuillères de vermeil que l'invasion a respectées.

Deux portes s'ouvrent sur le salon jaune : la première au nord, et dont l'axe est par conséquent perpendiculaire à la table du milieu, conduit à la salle du Trône à travers plusieurs salles intermédiaires ; l'autre, à l'est, mène dans un petit salon, occupé lui aussi par une table de travail. C'est là que les maîtres momentanés de l'Hôtel ont pu s'isoler un instant de la bande tumultueuse qui occupait le salon jaune et y gardait à vue MM. Jules Favre, Jules Simon, etc.

Ce petit salon communiquerait avec la salle des Fêtes par une porte condamnée que les envahisseurs, désireux de se ménager une retraite, ont en vain essayé de forcer.

Le salon jaune est donc une sorte de cul-de-sac dont l'issue unique conduit à la salle du Trône.

*
* *

Depuis trois heures de l'après-midi, l'Hôtel-de-Ville était occupé par une foule bigarrée poussant les cris les plus divers ; pourtant, jusqu'à cinq heures environ, la salle du Conseil avait été respectée.

Le général Tamisier, suivi de quelques officiers de la Garde nationale, entre à l'Hôtel, traverse la salle du Trône en cherchant le Gouvernement ; les portes s'ouvrent devant lui, la foule suit, malgré les efforts des gardiens qui veulent en vain refermer le passage, et, après avoir effondré une porte, débouche en désordre jusque dans le salon jaune. Le flot arrive perpendiculairement sur la table du Conseil, derrière laquelle MM. Garnier-Pagès, Jules Favre, Jules

Ferry, le général Trochu, le général Le Flô, Emmanuel Arago, étaient assis, faisant face à l'invasion, et défendus ainsi contre le heurt du premier choc.

En dépit de cette entrée tumultueuse, le premier moment fut presque solennel. Le jour allait faire place à la nuit; les lampes n'avaient point été allumées; la foule tourbillonnait dans une demi-obscurité de crépuscule, et au milieu, assis et immobiles, les membres du Gouvernement n'entendaient point les injures, ne voyaient pas les gestes menaçants. Il était impossible de ne pas songer aux vieux Romains, impassibles sur leurs chaises curules, en face des Gaulois vainqueurs.

La foule sembla hésiter un instant, et quand un officier de la Garde nationale cria : « Découvrons-nous; nous sommes tout au moins devant les représentants de Paris, » on vit plus d'une tête nue. Mais cela se perdit bientôt au milieu des clameurs et du tumulte d'une invasion toujours croissante.

C'est ici que se place la première phase de cette comédie, à laquelle il n'a manqué pour devenir un drame, ni la volonté, ni les violences, mais seulement le talent et l'énergie des assaillants.

Les tirailleurs de Belleville n'étaient point encore arrivés; aucune voix ne prononçait le nom de Gustave Flourens; M. Dorian seul était acclamé et invité à prendre la direction du Gouvernement. Pendant près d'une heure la situation en resta là. Des orateurs montèrent ou furent hissés sur la table; des lambeaux de discours furent prononcés, interrompus, redits. Un tambour, placé à un angle de la salle, remplaçait la sonnette du président et parvenait parfois à obtenir quelques moments de silence.

La physionomie de cette première scène a été rendue avec assez d'exactitude; le rôle digne et l'attitude modeste de M. Dorian ont été caractérisés comme il convient :

« Laissez-moi donc, disait-il, dans des fonctions où je puis être utile, et ne m'imposez pas une tâche impossible à mes forces; je ne suis qu'un industriel, un manufacturier, et je serais incapable de gouverner un pays. »

La foule, qui n'est point habituée au désintéressement, insistait de la façon la plus pressante, comme si elle eût prévu et voulu éviter la déplorable intervention de M. Flourens.

*
* *

Pendant toute cette nuit, Jules Favre conserva presque constamment la même attitude : il fut calme, fier, mais sans la nuance hautaine de Jules Ferry; ses traits étaient empreints d'une sérénité à la hauteur de laquelle n'atteignaient ni les injures, ni les menaces. Certainement, jamais pensées ou sentiments personnels n'ont effleuré son esprit; on sentait que pour lui, ni sa personne, ni celle des gens qui l'entouraient, n'étaient en cause; que tout cela disparaissait devant les images sublimes de la Liberté et de la République, grandes abstractions qui *sont*, tandis que les générations *passent*.

Je n'oublierai jamais avec quelle simplicité il faisait observer à une personne placée devant lui, et distante de la largeur de la table : « *Les insultes que l'on m'adresse par derrière m'empêchent de vous entendre.* » Prié de parler à cette foule hurlante, il crut, non qu'il serait utile, mais qu'il serait bien de le faire, et il l'essaya autant qu'il est humainement possible.

Les traits de Jules Ferry offraient une expression de défi méprisant. Lui, voyait, regardait à quels hommes il avait affaire et s'inquiétait de dissimuler les sentiments que lui inspirait un pareil voisinage, assez peu pour faire dire à un homme du peuple : « Regardez celui-là, comme il se ..... moque de nous ! »

Quand on lui demandait de prendre la parole, sa figure répondait : « Est-ce que ces gens-là écoutent et comprennent ? Est-ce que le bon sens a rien de commun avec eux ? »

*
* *

A côté de lui, le général Trochu, assis, les mains appuyées sur la table, avait une expression de bonhomie qui était presque un sourire, et pourtant ses yeux bretons brillaient d'une malice compâtissante quand une absurdité plus épaisse que les autres lui était adressée.

Celui-là, certes, n'a point fait parade de courage. Le vieux soldat, habitué aux périls sérieux du champ de bataille, regardait avec une curiosité qui n'était point jouée, un spectacle si nouveau pour lui. Il n'avait point le calme froid des courageux qui savent le danger, et qui, par un effort de volonté, la méprisent, mais la tranquillité absolue et presque nonchalante de l'honnête homme au coin de son foyer. Cela était si visible qu'un homme placé à côté de lui disait : « Regardez-le donc, il dort, cette canaille, ce voleur, il dort toujours. Il n'a fait que cela depuis le commencement du siége.

Quand un citoyen l'interpella violemment et directement, disant qu'il venait du fort de Vanves, et qu'il avait vu enlever les canons destinés à foudroyer l'ennemi, avec quelle douce moquerie lui répondait-il :

« Mais, mon ami, vous ne savez pas ce que vous dites ; on a remplacé des pièces d'une portée ordinaire par d'autres d'une portée supérieure. Voilà tout le mystère et toute la trahison. »

L'incident fut clos, et, chose qui arrive rarement dans une discussion, et qui n'arrive jamais, j'imagine, au milieu d'une émeute, l'adversaire, surexcité comme il l'était, se rendit à une bonne raison ; elle était si simplement et si bonnement dite.

Pourtant, sur le visage bienveillant et quasi souriant du général, passait quelquefois une ombre de tristesse grave. Alors sans doute se présentait à lui cette pensée désolante, qu'avant le sort de ses collègues et le sien propre, se jouait aussi le sort de la France, pensée qui quelques heures après lui arrachait deux grosses larmes et lui faisait dire simplement, mais avec une émotion profonde : « *Mon pauvre pays !* »

*
* *

Le général Le Flô, qui, sous des cheveux blancs, conserve l'ardeur et la générosité d'impression de la jeunesse, semblait plutôt étonné : l'étonnement de l'homme sans reproche qui se trouve en face d'accusations qu'il n'a pu prévoir, puisqu'il ne les a pas méritées.

Lui, victime du coup d'état ; lui, que pendant vingt ans l'empire a condamné à ne pas servir son pays, devait-il s'attendre à être ainsi traité par des hommes que la même main a frappés et qui ont maudit le même joug ?

Quant à sa conduite active pendant cette nuit, elle peut se résumer en un mot : il a pensé au danger *des autres.*

*
* *

M. Garnier-Pagès avait la placidité d'un homme qui a, comme il le disait, vu trois révolutions et qui compare.

M. Emmanuel Arago, derrière le général Trochu, semblait ne pas se douter de ce qui se passait, et dédaignait sans doute de faire entendre sa voix puissante.

*
* *

Que serait-il arrivé si la situation n'avait pas été brusquement modifiée ? M. Dorian aurait-il à la fin accepté par patriotisme une charge qui lui répugnait visiblement, et à plus d'un titre ?

Flourens fit irruption à la tête de ses tirailleurs, et si peu qu'il en restât, tout espoir de conciliation disparut. Un officier de la garde nationale, monté sur la table, répétait à la foule : « Si F. Pyat et Delescluze, que vous ne pouvez pas suspecter, n'ont point voulu accepter un mandat conféré sans droit par une minorité violente, si Félix Pyat vous disant : « Je ne suis qu'un misérable citoyen comme vous, » ajoutait que vous n'avez qu'un seul droit : faire des élections libres, que parlez-vous donc, vous qui vous dites ses disciples, d'improviser ici un Gouvernement, provisoire ou non ?

Mais Flourens est porté sur la table, tire un papier, et après avoir, à plusieurs reprises, recommandé le silence :

« Citoyens, je viens vous lire la liste d'un Gouvernement provisoire chargé de faire, dans les quarante-huit heures, procéder aux élections pour la Commune.

Je commence :

Flourens. . . . .

A ce nom, que lui-même prononçait avant tous les autres, un : — Ah ! — significatif parcourut les rangs de la foule. Il y avait là une absence de modestie, dont ces hommes furent choqués malgré eux. Aussi, exigea-t-on que le nom de M. Dorian fût ajouté en tête.

Flourens continua sa lecture ; les noms de Rochefort et de Raspail ne passèrent point sans discussion et sans peine ; il fallut mettre la question aux voix. On vota à main levée.

La position était devenue plus grave, les cris plus violents, les menaces plus directes : un élément nouveau et plus turbulent que le premier, avait pris possession du terrain. Auparavant, les motions les plus extrêmes n'avaient peut-être pas été dictées exclusivement par l'intérêt personnel : on ne voulait que renverser le Gouvernement ; à ce moment, on voulait se mettre à sa place.

Je le demande à tous ceux qui ont assisté à cette déplorable scène, ne fut-il pas évident qu'on avait plus affaire à des mécontents, mais à des prétendants ? Et les ambitions sont implacables. Le masque de l'intérêt public, le prétexte de la défense du pays, tout cela était tombé au premier mot de Flourens se nommant lui-même et le premier.

Les ambitieux de bas étage le virent bien ; ils sentirent bien qu'ils avaient trouvé à qui parler sans rougir : témoin ce vieux capitaine, se disant officier d'intendance, — un homme à cheveux blancs ! — qui toutes les minutes répétait à Flourens : « Nommez-moi donc ministre de la guerre. Envoyez-moi au ministère, je vous réponds du succès, » et qui, à un moment donné, écrivait sa nomination sans doute, et la présentait d'une main, la plume de l'autre, à la signature de Flourens.

Si ces lignes tombent jamais sous ses yeux, qu'il sache du moins tout le mépris qu'il a soulevé autour de lui parmi les gens de toutes nuances ; qu'il prenne garde qu'en cherchant bien, on se souvienne du nom qu'il jetait aux échos de la salle. Que Flourens sache aussi que ses partisans placés autour de lui, l'ont assez peu estimé pour croire à la possibilité de son consentement à cette demande éhontée, et qu'ils ont cru avoir besoin de lui crier : « Ne l'écoutez pas, ce n'est pas un Français. »

*
* *

. Jules Favre, devant lequel ce triste vieillard s'agitait sur la table, ne s'en souviendra pas sans doute. Sa pensée était loin, et sa plume, distraite, traçait machinalement sur la page blanche placée devant lui des lignes, des traits, quelques dessins bizarres, entre autres un fer de lance. En face de ces convoitises, se disputant les lambeaux du Pouvoir à prix d'impudence et d'audace, pensait-il donc à la pique des encans à l'enseigne de laquelle Rome antique vendait à la multitude les dépouilles des vaincus et des proscrits ?

*
* *

On força son attention à redescendre, on lui demanda sa démission, on la demanda à Jules Ferry. On connaît leur réponse, mais on n'a pas dit la foudroyante apostrophe adressée par Jules Favre à Flourens, qui lui demandait des promesses :

« Je vous promets, Monsieur, de ne jamais faire partie d'un Gouvernement que vous venez de déshonorer. »

*
* *

L'attitude de Flourens pendant cette nuit est véritablement inexplicable.

Sur la réputation qu'on lui fait, on se serait attendu à des emportements, à de la fougue, à un excès dans le sens de l'énergie. Au lieu de cela, nous avons tous trouvé un homme du Nord, froid, roide, à l'œil terne, à la voix pâteuse et sourde. Nul sentiment ne s'est reflété sur ce masque insignifiant, si ce n'est une timidité excessive, dissimulée à force d'immobilité. Plus qu'impassible, car cela supposerait la volonté, mais inerte : rien ne l'a ému, pas même le mot « déshonneur, » qu'on lui a jeté à la face.

Et ce n'est pas un rôle qu'il a joué; ce n'est pas possible : le talent se serait trahi dans les mesures qu'il a dû prendre pendant les quelques heures qu'il a été maître de la situation, l'énergie aurait crié dans sa voix, lorsqu'il fallait donner un ordre à ses tirailleurs.

Est-ce donc là un homme qui a la prétention de conduire des masses, un démagogue, un chef de parti ?

Les uns lui disaient : « Faites arrêter les membres du Gouvernement; » les autres : « Ne vous déshonorez pas en le faisant. » A tous et à tout, aux paroles dités auprès de lui et aux bruits confus qui l'empêchaient de se faire entendre, il répondait par son éternel : « Silence, silence, donc, » qui, un quart d'heure durant, était le prologue interminable de ses discours.

Je le vois encore juché sur cette table, la main gauche placée ouverte sous le bras droit, l'épaule à poignée, gesticulant perpendiculairement avec le bras libre, ne se décidant à dire autre chose que le lourd et audiencier silence, que poussé par les interpellations : *Parlez donc, parlez donc, à la fin. Commencez, on vous écoutera, mais commencez.*

Une fois ses traits ont offert une expression de contrariété maladive quand on l'a saisi par le bras, pour lui dire une seconde fois que Jules Vallès s'était emparé d'une mairie.

Des réponses, il était impossible de lui en arracher; sa pensée embarrassée cherchait évidemment à se dégager, mais sans y réussir. On lui faisait des questions pressantes, demandant une solution immédiate : il fallait se contenter d'une sorte d'acquiescement.

Encore ne l'obtenait-on pas toujours. Comment aurait-il pensé ou parlé tout seul ? il attendait Blanqui.

A un moment, il était assis au milieu de ses prisonniers. Un officier supérieur de la garde nationale, que nous retrouverons plus tard, placé en dehors du cercle des tirailleurs, l'appelle : pas de réponse. L'officier insiste : même silence. Il fait deux pas en avant, lui met la main sur l'épaule, et forçant ainsi son attention par une interpellation matérielle : « Voilà, dit-il, trois fois que je vous prie de m'entendre », et lui demandant quelques minutes d'entretien dans une salle où on puisse causer sans être interrompu.

Flourens répond qu'il attend Blanqui.

Pressé de nouveau d'écouter de sa personne, il consent à ce qu'on lui parle à l'oreille.

« Votre position est inextricable, lui est-il dit ; il faut trouver un moyen d'en sortir immédiatement. »

« J'attends Blanqui. »

L'officier insiste : « Éloignons-nous un instant et formulez-moi vos prétentions par écrit, je les soumettrai à Jules Favre. »

C'est alors surtout que Flourens attendait Blanqui.

Enfin, poussé dans ses derniers retranchements, il fait à cet officier l'incroyable proposition de formuler, lui, les prétentions de Flourens et des communistes.

Inutile de dire que l'officier recula devant cette tâche d'une bizarrerie voisine de l'impossibilité, et que, touchant du doigt l'inutilité de questionner Flourens en l'absence de Blanqui, il essaya d'obtenir au moins l'autorisation de parler un instant à Jules Favre, autorisation refusée aussitôt que donnée à l'éternel refrain de : J'attends Blanqui.

L'officier revint à la charge, lui demandant cette fois et le motif de l'arrestation et l'élargissement des prisonniers. Cette fois seule (ferons-nous une croix ?) Flourens sut répondre sans Blanqui : « Non. On ne sait pas ce qui peut arriver. Je les garde comme ôtages. »

Après l'enlèvement du général Trochu et Jules Ferry, par le 106me bataillon, un officier de la garde nationale lui disait : « Pourquoi retenir maintenant Jules Favre ? Ce n'est plus qu'une rigueur gratuite, une mesure plus qu'inutile, nuisible. Confiez-le moi, comme prisonnier, j'en réponds sur ma tête. »

Rien, ni oui, ni non, Blanqui n'était pas arrivé. Une espèce de signe d'assentiment, assez marqué cependant pour que cet officier ait fait une tentative pour emmener Jules Favre, tentative qui échoua devant l'obstination des tirailleurs de Flourens qui n'obéissaient plus qu'à leurs caprices.

Plus tard, quand les mobiles bretons lui envoient un parlementaire chargé de lui faire des sommations, Flourens donne l'ordre insensé de les désarmer, sans autre forme de procès. Un officier de la garde nationale lui fait observer que la chose est inexécutable et lui propose d'aller, avec le parlementaire, chercher le moyen d'éviter un conflit. Le même acquiescement muet fut encore sa réponse. Blanqui venait de sortir.

Ceci n'est point un portrait chargé à dessein. Que tous les témoins de ces scènes en appellent à leurs souvenirs ; les hommes mêmes de Flourens ont pu le constater, puisque l'un d'eux lui disait : « Vous êtes un mou. » Ailleurs, M. Flourens a peut-être été une personnalité. Voilà ce qu'il a été à l'Hôtel-de-Ville : muet, sans regard, timide, irrésolu, pas méchant du reste ; mais bien embarrassé d'être, pendant quelques heures, le chef d'un Gouvernement. Une absence d'intelligence de la situation, assez forte pour qu'après les interruptions si claires qui avaient accueilli son nom dans sa propre bouche, il ait recommencé la liste par le haut, c'est-à-dire par lui-même, avec la même intonation épaisse et assurée à force de pesanteur.

La première partie de sa nuit s'est passée à attendre Blanqui, la seconde à écouter parler Blanqui.

*
* *

Les heures s'écoulaient sans que la question fît un seul pas. Il était clair qu'on n'avait point à espérer de concession de la part des membres du Gouvernement; Flourens reculait devant leur arrestation et il avait bien raison; il ne se décidait à rien, si ce n'est à leur demander encore et toujours de signer leur démission. On avait nommé un Gouvernement provisoire, à têtes multiples, une seule le représentait, pensait *peut-être,* n'agissait pas; de tous côtés les amis de Flourens l'encourageaient, le poussaient: *Il faut en finir. Décidons quelque chose. Cela ne peut pas se prolonger ainsi.*

Il arrête enfin que les membres du Gouvernement déchu seront gardés à vue, et, avec sa vigueur ordinaire, prescrit à ses tirailleurs de faire sortir de la salle les personnes non armées (7 heures du soir).

L'ordre s'exécutait lentement, lentement, quand, du côté de l'issue, s'élève un bruit d'armes et des clameurs de lutte; une poussée énergique a lieu, et une poignée de gardes nationaux du 106e bataillon débouche de force dans la salle. On sait comment, à la faveur du tumulte, le général Trochu et Jules Ferry furent enlevés par eux.

*
* *

Après leur départ, on s'assied, face aux membres du Gouvernement restés à leurs places, et Flourens, sans plus s'inquiéter de l'enlèvement de deux prisonniers et de ses conséquences inévitables, dicte méthodiquement à vingt copistes de bonne volonté la liste du nouveau Gouvernement, destinée aux mairies, et envoie quelques émissaires à droite et à gauche.

C'est à ce moment que fut violemment arrachée à Jules Favre une lettre qu'il écrivait à sa fille. Cette fois, le père bondit, ressaisit avec force sa lettre aux mains qui la froissaient, et, debout, le regard enflammé, la voix incisive:

« Messieurs, j'écrivais à ma fille une lettre pour la rassurer, et un de vos hommes me l'a arrachée insolemment. Je vais vous la lire pour vous prouver..... »

Des cris de toute nature couvrent sa voix et durent aussi longtemps qu'il fallut étouffer ou empêcher une lecture qu'on ne voulait pas entendre.

Il était près d'onze heures. C'est à ce moment que fut faite auprès de Flourens, et à plusieurs reprises, la tentative pour obtenir le départ et la garde de la personne de Jules Favre.

Ce fut inutile; ce n'était apparemment pas un prisonnier qu'on entendait garder, mais bien un ôtage.

*
* *

Les membres du Gouvernement de la Défense nationale s'étaient éloignés de la table du

Conseil, et réfugiés dans un angle où s'ouvrait une croisée donnant sur la Seine. Jules Favre, accoudé sur la fenêtre ouverte, put y respirer un moment.

C'est là, en face de Paris, tranquille encore, mais pour combien de minutes? qu'il a peut-être fait des réflexions pénibles. Le triomphe de Flourens semblait un fait accompli, la force seule pouvait réagir. Quelles luttes sanglantes le lendemain allait-il éclairer? Peut-être a-t-il vu la France divisée, Paris et province se séparant violemment, la grande nation démembrée, la population affolée se précipitant de nouveau entre les bras de fer d'un sauveur providentiel, la Liberté, et avec elle la République, reculant de combien de siècles, la fin de la France !

Plus tard, il était assis au fond de l'embrasure, caché par le côté gauche du rideau; en face de lui, un jeune homme qui avait mérité de partager sa captivité; devant lui, le général Le Flô et le général Tamisier entre le colonel Montagut et le commandant de Montaut.

A droite, s'asseyait Jules Simon, qui jusque-là s'était tenu au milieu même de la foule. Un cordon de tirailleurs les entourait, les serrant de près, les menaçant de temps en temps.

Les prisonniers occupaient cette position depuis quelques minutes seulement, quand un officier de la garde nationale, le commandant Réquédat, par une protestation contre tout ce qui venait de se passer, mérita de leur être adjoint :

« Monsieur, avait-il dit à Flourens, placé sur la table, je proteste au nom de la garde nationale, dont vous ne représentez qu'une infime minorité, contre cette usurpation de pouvoirs. La garde nationale ne reconnaît qu'un Gouvernement, celui de la Défense nationale. »

Cette vigoureuse sortie, au début de laquelle le mot Monsieur avait déjà soulevé de violents murmures, s'était achevée avec peine au milieu de cris et de menaces de toute sorte. Son auteur avait été enlevé, désarmé, et réuni violemment au groupe des membres du Gouvernement, avec recommandation de surveillance spéciale.

* * *
*

Il était onze heures et demie environ; un officier de la garde nationale put sortir avec un laissez-passer de Blanqui — on signait, sans discuter, tous ceux qui étaient présentés — et rapporter aux prisonniers quelques petits pains de seigle et deux bouteilles de vin, frugal et modeste repas, après de longues heures de fatigue.

A la même heure, un officier supérieur de la garde nationale fait, par la fenêtre, une brusque entrée dans une des salles intermédiaires, entre le salon jaune et la salle du Trône. Saisi immédiatement, il est amené devant M. Delescluze. On passe dans la salle du conseil. Là, interrogé, il répond qu'il vient des avant-postes, qu'il n'a pas quittés depuis le commencement du siége, et demande des explications sur ce qui se passe.

On lui fait montrer le laissez-passer permanent avec lequel il a pu franchir la barrière; puis M. Delescluze, tout en lui disant les événements de la soirée, lui nommant, sur sa réclamation, les membres du nouveau Gouvernement, l'exhorte à l'acceptation des faits accomplis et lui expose un plan de levée en masse.

L'officier lui répond que la levée en masse est inutile, et que l'exécution des décrets déjà existants remplirait le même but, en mettant les hommes de 20 à 25 ans, aux avant-postes; de 35 à 45, dans les forts; de 45 et au-dessus, aux remparts, permettant ainsi de disposer immédiatement de 75,000 à 80,000 hommes qui sont immobilisés.

Ce plan séduit l'assemblée, et l'on crie :

— « Il faut le nommer général. »

L'officier, pour toute réponse, se retourne, tend la main au général Tamisier, et, accentuant ses premiers mots :

« Mon *général*, permettez-moi de vous serrer la main. »

C'est le même officier qui, nous l'avons déjà dit, essaya vainement, en l'absence de Blanqui, de tirer quelque chose de Flourens.

*
* *

Quand Blanqui, couvert d'une houppelande bourgeoise et coiffé de son képi de commandant, vint rendre à Flourens la parole et la pensée, on passa dans la salle, entre le salon jaune et la salle des Fêtes, et le nouveau Gouvernement s'installa officiellement à la table. Pourtant ce Gouvernement était loin d'être complet ; on attendait toujours Félix Pyat, qui, disait-on, refusait de venir, Louis Blanc, Victor Hugo, qui sans doute ne voulaient pas abriter la personne de Flourens sous leur grande et légitime popularité.

Après cette installation telle quelle, Blanqui, le premier, prit la parole :

« Personne ne sortira d'ici sans un laissez-passer signé de ma main. »

— « La première chose à laquelle nous devons penser, » dit son vis-à-vis, « c'est à notre sûreté personnelle. »

Et Flourens, retrouvant la parole :

« J'y pense. »

Et, en effet, il écrivait l'ordre de faire venir ses cinq bataillons.

Ce fut à ce moment que l'officier de la garde nationale, qui avait déjà si vivement interpellé Flourens, demanda à Blanqui un laissez-passer pour retourner à son poste. Il en avait assez vu.

Blanqui se retourne, le toise, lui dit :

« C'est pour aller chercher votre bataillon ? » et, sans attendre la réponse, écrit le laissez-passer, et signe au-dessous de cette formule : *Les membres du Gouvernement*.

Flourens, à la signature duquel est présenté ce laissez-passer, croit inutile de le viser après Blanqui. L'officier insiste (Flourens pouvait maintenant vouloir quelque chose puisque Blanqui était arrivé), — et fait malignement observer que le pluriel de la formule exige au moins deux noms.

A cette remarque judicieuse, Flourens s'exécuta, et cet officier se rendit en effet à son poste, car nous le retrouvons à la droite du général Trochu (1), dans cette tournée nocturne, où le président du Gouvernement passa devant le front de tous les bataillons de la Garde nationale de Paris.

*
* *

Après son départ, le Gouvernement nouveau continua ses délibérations. C'était un lamentable spectacle : on discutait, criait ; on ne décidait toujours rien. On proposait la nomination d'un

---

(1) A l'heure où ces lignes sont écrites, cet officier, juste récompense de son énergie et de son dévouement, occupe le poste d'honneur de commandant de l'Hôtel-de-Ville.

commandant de l'Hôtel-de-Ville, aussi celle d'un dictateur pour deux jours; on parlait de confier cette dictature à Flourens, et on en restait aux propositions.

Au milieu de cette discussion stérile, un incident significatif s'était produit. Un simple garde national, à l'aspect herculéen, avait demandé la liste des membres du Gouvernement. Au nom de Flourens, — Non! Flourens n'est pas digne de siéger auprès de Félix Pyat. Ce n'est pas un républicain. Il a menti; il sait bien ce que je veux dire. Pyat ne voudra pas venir.

Et Flourens, sans répondre, tend à l'homme qui l'accablait ainsi un laissez-passer de sa main, au nom de Félix Pyat.

Pendant ce temps, l'Hôtel-de-Ville s'entourait toujours de bataillons nouveaux, amis ou ennemis. Qui le savait?

Minuit un quart venait de sonner. Un homme traverse le salon jaune, entre dans la chambre des délibérations, et annonce, pâle et effrayé, qu'un bataillon de mobiles, entré par un souterrain, occupe une des cours de l'Hôtel-de-Ville. Un sergent est introduit, venant en parlementaire, et répond qu'il appartient au 3ᵉ bataillon du Finistère.

Flourens, consulté, décide tranquillement qu'il faut les désarmer, les conduire dans une salle et les y enfermer. Un officier de la garde nationale intervient, lui fait observer qu'un pareil ordre est impossible à mettre à exécution, surtout sur des Bretons du Finistère. Flourens hésite. On ajoute qu'avant de renvoyer le sergent prévenir ses camarades, il faut commencer par lui enlever son fusil. Le même officier insiste pour écarter cette mesure déshonorante, qui aurait pour résultat immanquable d'exaspérer les mobiles et d'amener immédiatement la bataille. Il offre de descendre avec le sergent, d'aller à son tour, en parlementaire, examiner la situation et tout mettre en œuvre pour empêcher l'effusion du sang. Son offre est acceptée; le sergent n'est pas désarmé, et ils partent.

*
* *

A ce moment, une nécessité dominait toutes les considérations : éviter une lutte; le premier coup de fusil eût été un arrêt de mort pour les membres du Gouvernement prisonniers. On l'avait dit assez haut, on l'avait délibéré; Jules Favre, Jules Simon, le général Le Flô et leurs compagnons l'avaient bien des fois entendu répéter à leurs oreilles. Jules Simon avait été insulté par un homme à cheveux blancs.

Je n'ai vu Jules Simon que fort tard dans la nuit. Tout ce que je puis faire, c'est constater la tranquillité d'esprit avec laquelle, entouré de fusils et de menaces de mort, il m'a causé de l'instruction publique et affirmé, chose qui semblait le préoccuper beaucoup plus que sa position périlleuse, que, irriter le sentiment religieux par des mesures intolérantes, enlever d'autorité les crucifix des écoles, c'est faire reculer de bien des années l'œuvre de l'enseignement laïque et indépendant.

*
* *

Quand le sergent et l'officier de la garde nationale qui l'accompagnaient arrivèrent dans la cour sud de l'Hôtel, les mobiles du Finistère, baïonnettes croisées et menaçantes, n'attendaient pour charger qu'un ordre qui ne pouvait tarder longtemps.

Leur commandant, M. de Legge, est encore un jeune homme, et cependant un ancien officier qui, engagé volontaire, a victorieusement conquis tous ses grades : l'appel de la patrie en danger est allé chercher au milieu de ses Bretons qui l'aiment mieux encore qu'ils ne le suivent (ce n'est pas peu dire). M. de Legge, avait reçu à huit heures et demie du soir l'ordre formel de rester l'arme au pied dans son quartier, l'ex-caserne Napoléon. Le Gouverneur de Paris *voulait*, — le mot est souligné, — que la garde nationale seule intervînt dans le mouvement.

Les heures s'écoulaient; les nouvelles les plus alarmantes se succédaient. Le commandant, un Breton au cœur droit et à la volonté forte, crut qu'il y avait là une question de salut public supérieure à tous les ordres, et sans se dissimuler la responsabilité terrible qu'il encourait en violant des instructions précises, se mit à la tête de son bataillon et entra par le souterrain qui fait communiquer l'Hôtel-de-Ville à la caserne. Le premier détachement qui parvint dans l'intérieur de l'Hôtel était commandé sous lui par le capitaine de Mauduit et le capitaine de Livaudais.

Cette première entrée, par un souterrain obscur, n'avait pas été sans péril pour des gens qui ne connaissaient pas les êtres de l'Hôtel.

Ainsi le capitaine de Mauduit avait été, à un détour du souterrain, perdu par ses compagnons. Placé en tête, c'est-à-dire hors d'état de s'en apercevoir, il avait vivement continué sa marche en avant, avait dispersé quelques gardes nationaux communistes, qui gardaient la sortie du souterrain, et s'étaient engagés au pas gymnastique dans un couloir, puis dans le grand escalier qui, du côté de la salle Saint-Jean, conduit à la salle des Fêtes.

Là seulement il avait pu s'apercevoir qu'il n'était suivi que par trente hommes. Il avait quand même sommé de se rendre un commandant de la garde nationale, et assez résolûment pour décider ce commandant à aller prendre les ordres de Flourens. Après quoi il avait dû enlever une barricade, construite par les communistes, pour lui couper la retraite, et se replier sur le reste des deux compagnies arrêté à l'entrée du souterrain.

C'est peu d'instants après son retour que le parlementaire et l'officier de la garde nationale qui l'accompagnait, arrivèrent dans la cour : le commandant de Legge venait de s'éloigner avec le capitaine de Mauduit pour chercher les autres compagnies et pour reconnaître la position.

Les minutes étaient précieuses; l'officier qui avait accompagné le sergent, s'approche, parlemente, et, Breton lui-même, il adresse à ses compatriotes quelques mots de la langue maternelle : il apprend qu'une des deux compagnies qu'il a devant lui est commandée par le capitaine de Mauduit. Un incroyable hasard le mettait en présence d'un ancien frère d'armes, d'un ancien camarade des zouaves. Il respira plus à l'aise : au lieu de la défiance que son uniforme inspirait aux Bretons, il allait, sur la parole du capitaine de Mauduit, pouvoir être écouté et empêcher sans doute un irréparable malheur.

A ce moment, qui le savait ? La position des mobiles était assez difficile. Le capitaine de la 7me se trouvait à la tête de 200 hommes seulement, dans l'Hôtel-de-Ville occupé par des forces bien supérieures; la retraite était même coupée; un malentendu déplorable avait fait refermer derrière eux la porte du souterrain de communication. Il faut ici rendre justice au sang-froid et à la netteté d'esprit du capitaine de la 7e, qui a su, en quelques minutes, modifier cette situation impossible, tout en improvisant immédiatement, sur un terrain inconnu, des mesures qui lui auraient permis de tenir jusqu'à l'arrivée du renfort.

** **

Le temps fuyait cependant ; on était allé chercher le commandant. L'officier de la garde nationale pensa qu'il fallait une voix plus autorisée que la sienne, une responsabilité plus haute. C'était en somme sans mandat régulier qu'il remplissait une tâche dont les conséquences pouvaient être si diverses : quelqu'un pour faire de la conciliation, c'était bien ; quelqu'un qui donnât des ordres, c'était mieux. Il supplie le capitaine présent, de maintenir pendant dix minutes la situation dans le même état, et de prier le commandant d'attendre s'il arrivait le premier, reçoit cette promesse et remonte demander son intervention au général Tamisier et prier Flourens de lui confier le général, toujours prisonnier à vue.

Le général Tamisier lui indique le général Le Flô, possédant (ministre de la Guerre et Breton), une influence supérieure à la sienne propre : l'officier se retourne, se trouve en face de Millière et Flourens, leur dit la situation, et avant qu'il ait eu le temps de conclure, le général Le Flô, qui était voisin et entendait, lui met la main sur l'épaule et de lui-même offre d'aller trouver ses compatriotes, répond de les contenir.

Le temps de se retourner et Flourens s'était éloigné : on se passe de son consentement ; les tirailleurs font des difficultés, un d'eux disait à l'officier en lui désignant le ministre de la Guerre : « C'est vous qui en répondrez, et si vous ne le ramenez pas, vous paierez pour lui. » On leur fait entendre raison pourtant, et le général sort avec son guide.

Quelques minutes avant ce départ, un commandant de la garde nationale, pâle, effaré, était entre dans le salon jaune, criant : « Messieurs, nous sommes vendus ; les Bretons arrivent par les chausses-trappes *(sic)* de l'Hôtel-de-Ville. »

*
* *

En bas, la situation s'était aggravée.

La cour, remplie de gardes nationaux qui, dix minutes auparavant, coudoyaient les mobiles, avait été complétement vidée et séparait deux fronts de bataille hérissés de baïonnettes menaçantes. Le commandant de Legge et le commandant Dauvergne, des mobiles de l'Indre, allaient crier en avant.

Le commandant Dauvergne était particulièrement animé. Il disait au général Le Flô : « Vous êtes le ministre de la Guerre, commandez, donnez-moi des ordres, et je vous réponds d'avoir bientôt chambardé *(sic)* tout cela.

Le général lui répondait : « Calmez-vous, commandant, si vous faites un pas, si vous tirez un coup de fusil, les membres du Gouvernement vont être immédiatement assassinés. Je vous autorise seulement à vous emparer des portes. »

Puis il se précipite au devant des fusils, s'adresse à ses compatriotes dans leur langue, et, à sa voix calme et respectée, on s'arrête, on réfléchit et l'on s'apaise.

Il faut le dire, un grand honneur revient au général dans cette nuit historique, celui d'avoir empêché, et il était temps ! une lutte qui, dans l'état d'excitation de tous, eût amené des malheurs qu'on n'ose pas prévoir.

Les rangs s'ouvrent, le général y disparaît, et celui qui lui avait servi de guide, voyant cette mission terminée, remonte dans la chambre du Conseil, rendre compte du résultat et voir s'il peut encore être utile à quelque chose.

*
* *

Pendant ce temps, des conseils de modération, présentés d'ailleurs depuis longtemps par Millière, essayaient de prévaloir contre l'aveuglement des hommes de Flourens. L'arrivée des mobiles avait donné à réfléchir aux plus entêtés, et la prudence faisait une obligation des conseils de ce que la modération avait simplement conseillé. Flourens l'avait compris lui-même et faisait des efforts timides dans le sens d'un accommodement. Une transaction avait été proposée.

Les membres du Gouvernement prisonniers s'en tenaient à leurs promesses d'élections pour le surlendemain, promesses qu'on n'avait pas voulu accepter au début, mais auxquelles on se rattachait maintenant comme à une épave. C'était donc là que devaient aboutir les violences de cette nuit : revenir au point de départ. Il eut été si simple de commencer par là.

Flourens, de son côté, s'engageait à faire partir ses hommes, laissant en liberté ses captifs d'une nuit, qui consentaient à sortir avec lui, et chacun s'en serait retourné chez soi, confiant dans la foi réciproque.

Toutefois, cette transaction acceptée en principe n'a point été consommée, parce qu'une des deux parties contractantes n'a pas rempli sa part d'engagements. Sans doute, Flourens eut bien voulu réussir à faire retirer ses hommes, mais il lui eût fallu pour cela la force de se faire obéir, et il en est resté à la bonne volonté. Oh ! il a bien essayé, il a fait de consciencieux et maladroits efforts ; mais on lui répondait : « Vous n'êtes qu'un mou, vous ne sortirez pas de la salle, vous aussi. » Après une demi-heure de cette tâche impossible, pas un tirailleur n'était sorti de la salle ; les prisonniers étaient toujours enfermés dans le même cercle menaçant, quand les baïonnettes des mobiles ont brillé aux portes de la salle, et des gardes nationaux du 106ᵐᵉ bataillon, Jules Ferry en tête, ont carrément fait irruption.

La lutte a tenu à un fil. Le témoin, qui croyait sinon à l'énergie de Flourens, au moins à la sauvage obstination de ces braves, l'a crue inévitable.

Les batteries de fusils ont résonné, les baïonnettes sont sorties du fourreau, un triple rang s'est épaissi devant les prisonniers.

Flourens s'est avancé et a parlé de la transaction qu'il n'avait pu faire exécuter, comme si elle eût été complète. Comme on parlementait, Jules Ferry leur crie : « Allons, pas tant de discours, Allez-vous en, et vite. Faites évacuer. »

Ces paroles nettes décident tout le monde. On sort, les geôliers de tout à l'heure conduits et sauvegardés par leurs prisonniers.

*
* *

Les mobiles, armes déchargées mais baïonnettes croisées, s'étaient précipités, leur commandant en tête, sur les défenseurs des escaliers qui, à leur approche, avaient mis crosses en l'air, abandonné leurs armes et s'étaient dispersés.

A l'issue du corridor qui conduit aux cuisines, le commandant, lui sixième, s'était trouvé en face d'une cinquantaine de Flourentistes. Il leur crie : « Bas les armes. » On hésite. — Caporal, prenez vingt hommes et fusillez-moi ces gens-là. Les cinquante armes tombent à terre avec un ensemble digne de la manœuvre.

Un instant auparavant, à l'entrée d'une galerie, un capitaine s'était trouvé en face d'une barricade improvisée avec des panneaux arrachés. Un lieutenant de garde nationale lui met le revolver sur la gorge. Si vous tirez, vous êtes un homme mort, lui répond-il, et d'une main il déplace le premier panneau. L'officier jette son revolver, la barricade est franchie, disloqueé, et les défenseurs désarmés.

Les Bretons arrivent ainsi jusqu'à la porte du salon jaune. Mais là, le lieutenant qui était en tête les arrête, sur l'avis de Jules Ferry, et laisse entrer devant les gardes du 106me bataillon qui venaient d'entrer à l'Hôtel-de-Ville par la porte donnant sur la caserne Lobau, porte ouverte par les mobiles, ordre du général Le Flô.

Il était environ 3 h. 1/2 du matin. Deux hommes seulement avaient été blessés : un garde national et un mobile qui avaient échangé un coup de baïonnette dans le bras.

*
* *

Quand l'histoire impartiale viendra rendre un verdict souverain, elle trouvera deux coupables : Flourens, dont l'arrivée a renversé toutes les combinaisons pacifiques, et qui a mérité le blâme des partisans comme des adversaires de la Commune : l'autre, Blanqui, qui a continué en 1870 son rôle déplorable de 1848, et que la République peut à bon droit compter parmi ses plus dangereux ennemis.

Et s'il fallait faire des comparaisons, si, en face des sublimes audacieux de la Grande Révolution, il fallait placer les figurines prétentieuses d'aujourd'hui, comment qualifier dignement les insensés séniles ou incapables qui, sans l'excuse du talent et l'assurance de la force, osent jouer avec le Feu et mettre en mouvement des masses que Danton, Desmoulins et les autres ont pu comme eux remuer, mais jamais contenir.

7 novembre 1870.

www.ingramcontent.com/pod-product-compliance
Lightning Source LLC
Chambersburg PA
CBHW071655030726
47598CB00005B/2084